ENCUENTROS, POEMAS Y QUEJAS

Sister Bernardine Marie Fontánez, SSND

Editorial Zayas
el mundo espera, publícalo

Encuentros, poemas y quejas
Copyright © 2019 Sister Bernardine Marie Fontánez, SSDND
Primera edición, abril 2019
Editorial Zayas
ISBN: 9781093281675

Edición: Dr. Miguel Ángel Zayas
Corrección: Prof.ª Ana Durán
editorialzayas@gmail.com
Arte de portada: Dr. Miguel Ángel Zayas

Hecho en Puerto Rico
Editorial Zayas
Santa Isabel, Puerto Rico

A todos los que me han acompañado en mi caminar —familiares, amigos y compañeros—, porque aprendí con ustedes el verdadero sentido de la vida: amar, servir y perdonar.

¡Les estoy eternamente agradecida!

ENCUENTROS, POEMAS Y QUEJAS

Sister Bernardine Marie Fontánez, SSND

En este documento de reflexión, me pregunto muchas veces quién soy como ciudadana del universo, perseguida por Dios, y mi responsabilidad con el mandamiento más importante, el amor. También, cuestiono la realidad y me desahogo, para así enfrentarme a mí misma, con el único propósito de cumplir con el llamado que Dios me hace. Finalmente, me enfrento a la situación que mi isla está atravesando en estos momentos.

Estos pensamientos reflejan una etapa de encuentros. Encuentros conmigo, encuentros con Dios, encuentros con gente, encuentros con muchas cosas... ¡Encuentros que me hacen pensar!

Son momentos de alegrías y sorpresas; también, de quejas y cuestionamientos. Delibero sobre mi realidad, la de mi gente y la del cristianismo y sobre la forma en la que lo vivimos. Me atrevo a expresarlo, porque... ¿a los setenta y tantos años, quién te puede callar? Ni tus amigas ni tu familia. Nadie, porque ya estás entrada en edad, y eso te da derecho a decir lo que piensas.

Si te encuentras en una de estas páginas, reflexiona. Si te ayuda, bien; si no es así, pasa la página y continúa leyendo. No es mi intención incomodar a nadie. Solo quiero expresar lo que pienso. Mis excusas a quien se sienta ofendido.

Gracias a todos los que, de una manera u otra, ayudaron a que mis pensamientos tomaran cuerpo, a través de este sueño hoy convertido en libro.

Elba Fontánez

Índice

..
w

Sister Bernardine Marie Fontánez

A Teresa Gerhardinger

Obediente,
como María.
En espera de un llamado.
Fiel, sencilla…
Respondes, para cumplir lo convocado.
No hay escuelas,
tú lo entiendes.
Respondes, con gran generosidad,
urgente necesidad.
Porque el amor ya no espera.

Ella te dijo que sí

Ella te dijo que sí,
sin conocer los escollos.
Te dijo que sí, sin echarse atrás,
a pesar de lo que le esperaba.
Te dijo que sí, un sí decisivo,
que aún repercute en nuestros oídos,
en cada corazón humano.
Un sí de amor profundo.

Ella te dijo que sí con el alma a ti accesible,
como quien confía totalmente en el amado
que aguarda en silencio.
Como quien lo ofrenda todo.
Nunca preguntó por qué.
Más bien dijo: ¿cómo?

A ciegas y con diligencia,
para obedecer una llamada de amor.
Cómo quisiera repetir el sí de ella;
sin duda, sin cuestionamientos.
Cómo quisiera, olvidarlo todo;
y, como María, entregar mi sí.

Acto de amor, sublime y beatífico.
Entrega augusta y de gran nobleza.
Quien dándolo todo no exige nada,
y teniendo nada lo posee todo.

2

Incuestionable fue aquel sí
Sintiendo la alegría de ser consagrada.
Entrega total... sin nada a cambio.

Soy

Soy amante de la vida,
aunque un poco complicada.
Porque suelo a veces irme
de viaje con mi ira acandilada.

En verdad, soy de vida,
de pequeños que corretean,
de escucharlos hablar solos
imaginando huir de su aldea.

Por eso, soy amante de la vida.
Porque te da oportunidad
de errar y volver atrás.
No importa cuál sea tu edad,
puedes volver a empezar.

Porque los errores surgen,
como espinas en la rosa.
Si sabes plantarlas bien,
nunca una espina te estorba.
No es que la rosa dé espinas,
más bien las espinas dan rosas.

Sí, soy amante de la vida,
de caminar por las playas,
de perderme, tal vez sola,
en una playa desierta…

Yo, mi Dios y varias olas.
Soy hija de un viejo niño,
que me enseñó a reírme
de mí misma no del otro.
Y de una madre muy santa,
que me dejó un gran legado…
servir, amar y entregarse toda.

Sí, soy amante de la vida,
aunque la tristeza opaque,
de vez en cuando,
la sonrisa de mi cara.
Y, si al pasar un día cerca de mí,
me encuentras triste y cabizbaja,
recuérdame, por favor,
que soy hija de Dios, muy amada.
Así soy.

Lluvia de gracia

En una lluviosa mañana
me detuve a escuchar el canto
que aquella lluvia emanaba
como pisadas de santos.

Besaba sus hojas verdes…
sutilmente ella bañaba
cada hoja de aquel árbol.
Gran deleite les brindaba.

La contemplaba de lejos,
allí, desde mi ventana.
Llenaba las ramas de besos,
y, al parecer, gracias le daban.

En esta contemplación,
pausé y me fijé en mi alma.
Eso que llevamos dentro,
que no se siente, pero habla.

Me pregunté si, como aquellas hojas,
mi pobre alma gozaba
de la lluvia que derrama
la gracia de Dios cada mañana.

Para no pasar por alto
tan excepcional regalo,
le di gracias al buen Dios
por la vida que había dado.

6

Si tiene tanto afán por el árbol
y por cada planta en la tierra;
¿cuánto más es ese amor por mí
y el cuidado que Él me ofrenda?

La encrucijada

A veces, como cristiana,
atrapada me encuentro;
amarrada por normas y leyes
que dicen poco de lo nuestro.

Una abundancia de preceptos
y mucha legislación
que me cuestan y no acepto,
porque ofrecen muy poca opción.

Si así lo hubiera querido
el Cristo que aquí bajó,
hubiese dejado escritas
las leyes que él sometió.

Sin embargo, la fe de muchos
fue lo que él más admiró.
Porque al creer en él
creían en su Padre, Dios.

No testó ni sacramentos
ni cánones ni preceptos.
Solo nos recomendó el amor.
Sí, amar, sin condición.

Y aquí me encuentro presente,
viviendo esta encrucijada,
queriendo ser consecuente
con su vida y su palabra.

Le ruego yo hoy al Señor
que me escuche con paciencia,
porque hay veces que no puedo
equilibrar mi conciencia.

Redemption

Redemption.
Some say atonement.
Shall we say, payment?
Or deliverance from sin?

Perhaps,
I say, it's not
for if we refer to Christ,
his crucifixion was plotted.

Eternal love,
the real reason
to change man's heart.
Not God's.

Indeed,
He gave his life freely,
no one took it from Him,
to set an example of love.

Perseguida

¿Quién soy yo,
que tanto me buscas?
Tanta insistencia en mí.
Te ofuscas.
¡Oh! Perdón, Señor del Amor,
olvidé que eres el Buen Pastor.

Me persigues por doquier.
No te importan mis caídas.
Con ternura me levantas.
Me recoges y me abrazas.

¿Quién soy yo
que tanto me amas?
Dime, ¿por qué te afanas?
Soy infiel y muy cobarde,
no merezco que por mí aguardes.

¡Ah!, me dices:
"solo esperaré…
hasta la eternidad te amaré.
Yo por ti mi vida ofrendé,
en mi mano te grabé.
Ya no busques más por qué
en este mundo insensato.
Busca en mí y en mi amor
donde único hallarás quién soy".

La maestra

Como maestra comprendí
que, en sí, tú no enseñas nada.
Que lo que sale de ti,
en momentos de descuido,
es lo que vas presentando;
y ese discípulo tuyo
va aprendiendo, va emulando.

Es que, a decir verdad,
el ser buena maestra
es aprender tú de él;
y ver, a diestra y siniestra,
cómo debes instruirle,
para enfrentarse a este mundo
siendo honesto, fiel
y, sobre todo, a ser justo.

Lo eterno

Entregarlo todo.
Darse sin medida,
hasta sentirse incómodo
y salir de huida.

Es lo justo y necesario
al buscar lo eterno.
Porque todo aquí es gregario
y solo te lleva a lo externo.

Resta en ti lo que es banal.
Suma solo la humildad.
Es así como ganarás
lo que dura una eternidad.

Noche de perdón

Anoche dormí en el mar
bajo el canto de estrellas.
Adormecida por la luna
y encantada por la arena.

Cantaban canciones de amor,
de perdón y de alabanzas,
recordando del pasado
dolores, gozos y andanzas.

Me decían que era tiempo
de dejar las amarguras,
recomenzar el presente
y soltar las ataduras.

Entonces me hablaron de amor,
de perdón y de ternura;
de sanar heridas viejas,
y ese perdón fue la cura.

Las olas lavaron mi herida
y fui arrullada por la brisa;
y en la noche me sonrió Dios,
y yo entendí su sonrisa.

Nuevo ser

Sembraste en mí
imagen de tu ser.
Y tal es mi deber,
que no soy, si no es en ti.

Morir, me dices,
si es que en ti quiero vivir.
Pues no hay otro existir
que esté fuera de ti.

Si a mi ego voy combatiendo,
silenciando ese poder por dentro,
ungida por ti va surgiendo…
un nuevo ser va renaciendo.

Perderme en ti es mi morir.
Y encontrándome al fin
nueva vida ya encarnada,
una contigo será mi existir.

Egoísmo

Perdóname, querido hermano,
si yo te he ignorado
en este caminar de vida
que yo misma me he trazado.

Tantas veces vi tu hambre.
Hambre de expresar tu ira.
Hambre de una mano amiga,
de un hombro, para entender tu vida.

Cuando pasé por tu lado
no percibí que morías
en la tristeza que llevabas;
yo, pudiendo darte alegría.

El egoísmo nos ciega,
cerrando nuestro corazón
a la necesidad de un hermano.
Nos coarta la razón.

Si me olvido de mi hermano,
cayendo en la trampa del ego,
será triste el balance de mi vida,
al sumar todos mis hechos.

La mujer del evangelio

Bendita seas tú,
mujer del Evangelio.
Mujer profeta de las buenas obras.
Ungiendo al hombre que fue escogido,
al Cristo que será vendido.

Qué buena obra mujer,
cuando ya iba a ser maldito,
irrumpes en medio de los hombres,
con tu perfume bendito.

Marginada, no contada,
como tantas veces,
nuestra mujer latinoamericana.
Ignorada, masacrada por un "don".

Se dejó que tú lo ungieras,
aceptando tu perfume.
Dando así la bienvenida
a toda mujer que su postura asume.

Mujer que te engrandece el vientre,
dando a luz a la verdad,
cuando la justicia buscas,
en pie de lucha y solidaridad.

Una contigo

Solo cuando mi pensar sea tu pensar.
Cuando mi voluntad sea la tuya.
Cuando mi decir y obrar sean consecuentes
y reflejo de tu vida misma...
Solo entonces podre decir:
¡Soy una contigo! Amén.

Las manos

Con el toque de tus manos
tocas todo, hasta el alma.
Vas tocando vida, muerte y suerte.
Tocas lo más profundo, y calmas.

Vas tocando con tus manos
hasta la misma existencia.
Vas llevando al que unges
bendición a su presencia.

Con el toque de tus manos
llevas paz y sanación
donde no hay reconciliación.
Dios se vale de ellas
para otorgar bendición.

Llevar la paz

Encontrar vida
allí donde aparece muerte.
Encontrar vida
cuando todo se muestra inerte.

Te toca a ti.
A mí me toca también.
Obligación es de todos
llevar vida, paz y hacer el bien.

Aun cuando no queda nada
y al parecer solo hay muerte,
Dios no es indiferente
al dolor de su gente.

Siempre fue así

Dicen que siempre fue así.
Que nada puede cambiar.
Rodamos de un día al otro,
sin tomar tiempo ni pensar.

Si siempre fuera así,
¿por qué la moda alterar
o gastar en comunicación
para modificar la vida toda?

La conveniencia es vaga
y se limita a variar.
¿Para qué hacer algo nuevo
que no me va a beneficiar?

No, no siempre fue así;
y hay que permitirle al tiempo
que nos ayude a mejorar
y a ser personas de aliento.

Confundimos tu mensaje

Confundimos tu mensaje
cuando sanaste a los excluidos,
sin fijarnos en que también
querías a todos incluidos.

El fariseo se huyó.
El cambista disimuló.
Y solo allí quedó
el pobre ciego que le escuchó.

Repetiste tu mensaje.
Se equivocaron los del templo
pensando que solo hablabas
de los rechazados y pencos.

A tu mensaje tan fuerte
respondieron excluidos,
ya que una vez apartados,
se daban por incluidos.

Quisiera como el mendigo,
la prostituta y el publicano
hacer la fila de marginados
y acercarme a ti, mi amado.

Para así dar testimonio
de que eres un Dios de amor
y que acoges en tu corazón
al más grande pecador.

No somos ni hemos sido

Vestidos de ilusiones,
emprendemos el camino,
cubiertos de poder y ganas
buscando al que creemos ser.

En esa búsqueda egocéntrica,
se va gastando la vida,
nos cubrimos y escondemos
la verdadera vasija.

Creamos esos personajes
para encontrar un sentido
sabiendo que, al final de todo,
no somos ni hemos sido.

El Jesús que yo confieso

Yo no creo en un Jesús
amarrado a una iglesia
esperando a todo orante
que venga a pedir clemencia.

No, no creo en un Jesús
que su olvide de su gente
y que mire de reojo
al pobre o al indigente.

El Jesús en el que yo creo
camina entre su propia gente.
Les consuela en sus tristezas,
comparte con el carente.

Sí, creo en el Jesús amigo,
que se sienta con paganos,
pide agua a samaritanos
y va a casa de publicanos.

Ese Jesús, buen hermano,
me sana, ama y perdona;
como hizo con los enfermos
y la mujer pecadora.

En ese Jesús yo creo
porque me inquieta y amonesta
a salir de donde estoy
tomando mi cruz acuesta.

Llamado

Me has convencido, Señor.
No, no creo en el cristianismo
de togas largas y borlas,
de mucho incienso y de velas.
No, tú me enseñaste a mirar
la vida misma y el hoy
parada muy cerca al que sufre
para entender quién yo soy.

Siento el llamado a estar
junto a la mujer que vende
su vida para amamantar
una familia que, a solas,
ella tiene que levantar.

Me pides salir al encuentro
para compartir mi pan,
mi casa y cuanto tengo…
Hasta la vida si hay que dar,
por el que sale al exilio,
por el que tiene que emigrar.

Tampoco me has excluido
de tener que confrontar
al legislador, al político…
para que no vaya a olvidar
a los que no tienen voz
y que cumpla con justas leyes
su misión y su hermandad.

Eres

Eres luz
en la oscuridad
de mis noches.

Eres sol
en los días
de tristeza.

Eres amor
cuando ya
no queda nada.

¿Quién eres?

¿Quién eres, que llegas
cuando menos yo te espero?
Apareces cuando no te busco.

¿Quién eres, que buscas saciarme
aun cuando estoy tan llena de mí?

¡Ah, eres luz!
Encuentro…
Eres mi todo.

Fuimos los dos

Escuché la furia
de aquel huracán.
Era como si riñeras
reprendiendo al mismo satán.

Todo revoleteaba
en un entorno de caos.
La lluvia contribuía
a la destrucción de los campos.

Confiaba solo en ti.
Sabía que estabas allí.
A pesar de aquel rugir,
mi fe se arraigó a ti, y creí.

¿Fue tu mano poderosa?
¿O mi fe que acrecentó
en aquel momento de miedo?
Tal vez, fuimos los dos.

Encuentro

Entré en aquella noche.
Noche muy fría y callada.
Sin saber a dónde iba.
Sin saber dónde llevaba.

Pedías más y más de mí.
Fui quitando encajes y adornos
que a mi yo engalanaban,
mi interior y mi entorno.

El día se fue aclarando.
El sol se hacía mi amigo.
Saliendo de aquella noche,
me pude encontrar contigo.

Eclipse

Eres quien eres
en tus noches calladas,
de sombras.
Cuando nadie te ve, tal vez.

Amanece, y sales...
vestida con tu yo.
Erguida de poder y de algo más
que en verdad no es.

Me pregunto entonces
si en la unión de ese, tu yo
y quien verdaderamente eres...
¿Después de ese eclipse, quién?

Espera

¡Oh!, mar Caribe
que encierras en tus bordes
esta isla bella con sus montes.
El engaño de unos pocos
logró al mundo convencer
de que era tierra libre y justa
en donde se podía crecer.

Mas se fue modificando la cosa
y uno a uno sucediendo
grandes cambios de poder
difíciles de entender.

El silencio iba creciendo.
Por dentro el pueblo se iba pudriendo,
por lo que quería decir
 y lo que estaba sufriendo.

Ya no era el mismo idioma.
Ni se querían enterar
de todo lo que ocurría
por no querer desterrar.

Pero el Caribe te encierra,
y te amenaza su profundidad,
aunque quisieran zarpar.
Y tú dices: "Espera,
mañana vendrá esa libertad".

Contemplación

Hoy quiero contemplar el mundo,
así como fue creado…
de la nada, por el Todo.
Verlo como es, Sagrado.

Mirar con los ojos de Dios.
Sentirlo como Él lo sintió,
muy dentro de su corazón,
como su amor lo encausó.

Sostener dentro de mi alma
el entero de la vida,
la dualidad desnuda
antes de ser corrompida.

Materia y vida en una,
impulso del Verbo Divino
que sale de un Dios Creador
y es ejemplo del Dios Trino.

Las manos de mi madre

Contemplé tus manos.
Vi la visión de tu pasado.
Manos que acariciaban.
Manos que mucho han amado.

Manos que llevaron a cuesta
recipientes muy pesados
del agua que tú cargabas
y leña cortada en pedazos.

Manos suaves que acariciaron
a tantos que se acercaron.
Manos creativas en arte y confección.
Delicadas manos con una grande misión.

Vi tus manos derramando bálsamo.
Iban a su paso sanando,
llevaban aliento, paz, unción.
Eran manos que el dolor iban borrando.

Sí, así eran las santas manos de mi madre.
En sencilla comunión
y hasta el fin de su gran día,
esas manos, nos dieron la bendición.

Amor sin condición

Querer, sin condiciones.
Querer, hasta que duela.
Querer, a ejemplo tuyo.
Querer, aunque te hieran.

Buscar en tu mirada
amor y a cambio nada.
Sentirse aceptada
por ese que tanto nos ama.

Luchar por lo imposible,
por ese Dios arcano.
Y, al sostener tu mano,
sentir que no es en vano.

La entrega sin medida
sin reservas ni ataduras
encontrarte a ti en mi vida...
Eterna e inmensa dulzura.

Puerto Rico

Qué triste se ve mi isla
después de que el huracán dio su azote.
Se me hace difícil creer
que es la misma de verdes montes.

Triste, aún más está
la gente linda que todo lo puede.
Enmudecida, con dolor candente.
Al verla así, sus esperanzas mueren.

Mas por dentro lleva esta gente
pasión, fortaleza y nobleza.
Y, por más que le hagan sufrir,
mi gente no se doblega.

Tienen herencia muy digna,
que debes tú conocer.
Del indio tomó nobleza.
Del español creció en fe.
Del africano, su fuerza.
Se cree perfecto su gen.

Volveremos todos juntos
la isla a reconstruir
con nobleza, fe y fuerza
de Dios la bendición va surgir.

Cuando mi gente se une
no hay nada que la derribe.
Puerto Rico volverá a ser
Perla y Estrella del Caribe

Regalo de Dios

Hombre y mujer fui creando
para traer bendición.
Otorgándole muchos dones
engrandeciendo la creación.

Les di manos creativas,
ojos para mis obras ver.
El sol, lámpara de ayuda y guía.
Árboles, como cobija y vergel.

También les di una conciencia
como guardián centinela,
para que puedan medir
lo correcto y lo que anhelan.

Un corazón palpitante
muy grande y sin detente,
el que podrán así sentir
cuando el amor esté presente.

Dime ahora tú, creatura:
¿Qué más te puedo entregar,
creándote a mi propia imagen
para que puedas tú ofrendar?

Amar, como yo te amo.
Igual que yo, perdonar.
Compartir lo que tú tienes,
en humildad, sin juzgar.

Al llegar el fin del día
si tú pudieras, también,
dar gracias y alabanzas
al Trino Dios, quien es fiel.

Madero noble

Árbol que quedaste plantado un día
sin saber tu propia dirección.
Madero que una inolvidable tarde
sería cortado para Su pasión.

Quizá tú diste buen fruto.
O, quién sabe, fueron flores.
Una tarde, allá en el Gólgota,
fuiste protagonista de horrores.

No sabías el porqué
ni cuál tu final misión
pero te transformaste
en eje de muerte y pasión.

Colgado a ti fue sacrificado
el más grande de los hombres,
el hijo de quien te creó
de madera fina y noble.

Cruz, más bien altar,
donde el hijo del Padre Dios
libremente se ofreció
para darnos la salvación.

Gracias, humilde madero,
que cargaste al hijo de Dios
y, aunque a ti Él fue clavado,
eres más digno que yo.

Surrender

"Yes" brings pain,
surrendering,
violence
to oneself.
"Yes" means here I am
even when you don't want
to be present at all.
"Yes" means no to your will
and yes to the needs of others.
It disturbs your comfort.

And so many times,
it brings great confusion,
frustration, and anger.
"Yes", only if united to His "Yes"
will acquire meaning.
Then, pain and tears
placed into the blessing cup
in Eucharistic offering
with His eternal "Yes"
will be transformed
into timeless submission.
Bringing forth healing, peace,
to make of many one,
and bequeathing your whole self,
you find it, united to His "Yes".

Misión

En este mundo de retos,
de inconsistencia y omisión,
donde el que tiene cuenta
y el que no tiene no,
debemos ser profetas
y cumplir nuestra misión.

Contradicciones existen,
que hacen que me cuestione,
por qué como ser humano
me acostumbro a opiniones
de aquellos que solo viven
para enjuiciar al hermano.

Así yo me dispongo a seguir,
a aquel que calla y otorga,
porque es más fácil vivir,
sin confrontar adversarios;
pero cuánto yo no daría
por vivir lo que es contrario.

Mi deseo

Quiero que todas las plazas
de los pueblos antillanos
ya no sean para los "puntos",
sino para un buen descanso,
y que allí podamos juntos
encontrar paz... un remanso.

Que al caminar por las calles
lo hagamos con la intención
de mirar los ojos del otro,
con gran determinación,
para mostrarles a todos
cuánto los ama su Dios.

Porque, al fin de la carrera,
llegamos a la misma meta.
Tanto el que vive en omisión
como el que es buen profeta.
Y el gran juez, al confrontarnos,
nos dirá cuál es la puerta.

Jesús, palabra de Dios

Jesús, palabra del Padre.
Te encarnas con gran pasión.
Eres palabra divina,
el logo del Creador en acción.

No solo te vuelves sujeto,
sino verbo y oblación,
carne y vigor de Dios, reto,
el predicado del "yo soy".

Vienes a subordinados,
dispuesto a ejercer tu pasión
a pagar por lo adeudado.
El Padre te dio esa misión.

Quita el pasivo en mi vida.
Quiero que mi oración,
se torne en promesa activa
y lo muestre en toda ocasión.

Te busqué

Te busqué
y fui a tu encuentro.
En grandes ciudades
no te hallé.
En las excelsas catedrales,
fue difícil descubrirte.
De regreso a mi casa,
allí estabas.
En aquel mendigo errante
de una vida mutilada.

Pour your love

How great your love,
so powerful,
it cannot be contained.
To keep it for myself,
would be inconceivable.
Less I share your love,
it would shatter my soul,
and like that first woman,
revert it to myself,
and my desires.
So pour your love,
as I myself give it away,
in the thousand opportunities,
You are present today,
when I greet those,
that pass me by,
when a kind word
escapes my mind
for those that are ignored,
when I share bread,
with the lonely and depressed,
when I forgive the one
who does me wrong
and I am willing
to embrace with love.
So pour your love,
and wipe away from my soul
any desire to keep it for my own.

A word without a meaning

Maybe is just a word,
neither here nor there,
to mean "Yes" perhaps no.
A word without a meaning.

And maybe I do love you
and maybe I do not.
The word itself, evasion,
pretends to be but it is not.

But you, oh Lord,
were not a "maybe".
You were always a firm "Yes".
Even in your final dying,
your pronouncement was a yes.

I want to be a "Yes"
never a "maybe",
for yes decides my fate,
and a weak "maybe", maybe.

Abrir camino

Abrir camino en la vida,
es cosa que todos hacemos.
Marcamos todas las idas,
sin saber si volveremos.

Caminar es marcar pasos.
Es conocer tus andadas.
Aceptarlas, si hay fracasos,
al caminar la vía ensancha.

Si el caminar es pesado,
porque no es tu carga leve,
y una meta te has cifrado,
implórale a Dios que te lleve.

Mas el caminar verdadero,
se da con la frente en alto,
sabiendo bien tu sendero
y sin muchos sobresaltos.

Se va mirando a lo lejos,
donde tus sueños has plantado,
sin olvidar los consejos
que la Madre Tierra ha dado.

Marca con sigilo el paso,
porque otro viene detrás,
tal vez en camino errado,
y el tuyo le ayudará.

La vida

Inadvertida transcurre la vida,
mas no deja de pasar.
El sol se vuelve a poner.
La luna espera la noche
hasta el nuevo amanecer.

Otra oscuridad y otro día,
sin percibir quién dirige
esta obra coherente,
de unión entre lo divino
y lo que trae muerte.

En el enorme silencio
de un crepúsculo imponente,
se escapa sin gran alarde
en colorido derroche
el sol que va cerrando la tarde.

Continúa así en su prisa,
que nos deja tan vacíos,
tan llenos de un gran hastío,
que puede interrumpir el paso
de lo que Dios te ha marcado.

En lucha de impotencia y poderío
se confunden hasta tus creencias
sirviendo a la indiferencia.
No, no dejes de vivir con ganas
y cumple esa, tu misión humana.

A la Guadalupe

Virgencita de Guadalupe,
grande encomienda tienes
de cuidar y de enseñar
a tus hijos y a tus hijas
humildes latinoamericanos.

Guárdanos de los tiranos
y danos a todos valor,
para enfrentar injusticias
con certeza y valentía;
y de la misma manera
ser justos con el hermano.

Protégenos de las guerras,
que nacen dentro
de la mujer y del hombre,
solo para obtener el poder.

Danos gobernantes justos
que no vendan nuestras patrias,
cuando por dentro les nazcan
las grandezas y las ansias
para cometer jactancias.

Guárdanos siempre del hambre,
y que el pan de tu palabra
nunca falte en nuestra mesa
para poder compartirlo,
con generosidad y nobleza.

Por fin, mi Guadalupana,
llena de amor nuestros pueblos,
para que en ellos, por siempre,
reinen la paz y la gracia.

Sunset of my life

In the sunset of my life, oh Lord,
I offer you all, my work, my being.
Every gift given freely to me,
I surrender back to you.

In this sunset, I have found,
those who helped me build my dreams,
with great kindness, love, and hope.
There, along the way, I also found judgmental,
hardened hearts full of self and mere injustice.
Many came along throughout the years,
with grateful hearts and open minds.
They filled me with boundless peace and joy.
The petty, the power, the hungry, and the unkind
were also present in my life.

With those, I also broke your bread
and loved them all.
That's what you said to do
on that holy night before your dying on the cross,
so we might not forget how much you love each one.

I gave my best to all not counting cost.
No reward was I expecting or glory to foretell.
My harvest in vain was not, for in doing so,
I learned the meaning of real and surrendered love.

In the sunset of my life, I find
there are not many walking by my side,
for power, silver, or greatness I have not.

I know those who are your gifts to me
and those who went away; for them I pray.
Be kind to them, oh Lord.

I celebrate with joy today this sunset of my life,
for as the sun reaches its peak, one thing is very clear,
I gave the best I had to give, even when not accepted,
for I was not to judge who stayed or went away.
I did it all for you my Lord and will do it all again.

Misericordia

Solo uno llegó a darte gracias.
"Tu fe te ha salvado", proclamaste.
Y él, curado, corría con ansias,
lleno de gozo porque le sanaste.

Hoy, hasta ti llego, como aquel leproso,
pidiendo tu ayuda, la cura también,
con insistencia y temeroso
para que mi lepra sanes… para hacer el bien.

Postrada ante ti y en humillación
grito, gimo y lloro.
Ten misericordia y gran compasión.
Pon tu mano santa, imploro.

Tú, que hasta al más humilde escuchas
y perdón das a manos llenas,
tu amor me ofreces, sin pedir mi excusa.
Incondicional y eterno tu perdón me entregas.

Is it love?

Love,
a gift, a joy, a blessing,
pain, struggle, heartache.

Laughter, freedom, understanding,
tears, sadness, fear.

Soulmate, friend, companion,
possession, rejection, indifference.

Giving, caring, trusting.
Love, a gift, joy, a blessing.
Yes.

Vuelta al padre

Creado a imagen y semejanza,
pone Dios al hombre y a la mujer,
en ventaja a cualquier otro ser,
para amarles aun sin merecer.

Y el tan ingrato ser se opone
a un gesto de majestuosa pureza.
Rechaza y con frialdad se rebela,
creyéndose grande y de nobleza.

Pero en vano puede este subsistir
sin el aliento de su creador.
Cae, y hasta lo más bajo llega,
reconciliándose, indigno y pecador.

Es entonces cuando, lleno de piedad,
este Dios eterno y solemne creador
se abaja y, con toda su bondad,
se adentra en la tierra como morador.

No mira ni la osadía ni al pecador,
solo quiere que regrese a la casa del amor.
Pide a su propio hijo la vida entregar,
por mí y por ti, en angustioso dolor.

Hasta el final

Porque tanto amó Dios a los suyos,
que dio al máximo y con amor,
dejando huellas de ternura y compasión,
en humillante acto de entrega y perdón.

Amaos, sí, amaos unos a otros, dijo.
Perdonándose y viviendo en hermandad,
compartan a lo largo sin sigilo,
mi palabra, mi ejemplo, la verdad.

Compañero de tu andar yo seré.
Con ustedes hasta el fin los guiaré,
promesa que en la cena he de hacer,
y mi espíritu el regalo que os daré.

La pregunta de un amigo

Andando por estos lares, cierto joven me preguntó: "Si Dios era tan sabio, ¿por qué escogió a su hijo amado para pagar tan alto precio por nuestras faltas? ¿Acaso no hubiera podido castigar al pecador y cobrarle las culpas como se merecía?".

Su pregunta hizo que me cuestionara lo mismo. Y, sin tener nada más para contestarle, le dije sin pensar que Él del Universo era el amo y que podía hacer su voluntad sin consultar con nosotros, los humanos.

El joven escuchó molesto, y en su rostro vi que mi respuesta le hacía cuestionarse aún más aquella acción del Soberano. Entonces, fue que entendí que no era una pregunta inútil. Y, buscando una respuesta, continuamos juntos el camino.

Tras andar un rato, a lo lejos divisamos al viejo sabio del pueblo. Este nos sentó, y con ternura comenzó su gran sermón. El más breve que tenía:

"Fue por amor, más que nada, porque el humano quería ser Dios sin corresponderle. Y viendo Él que 'su obra' era mezquina y rebelde, sintió pena y compasión de que rechazarán su amor. Entonces, envió lo más preciado que tenía: su hijo, su imagen, su ser. A pesar de que sabía el alto precio a pagar, le pidió a su hijo venir a salvarnos en la tierra. Así de inmenso es su amor por nosotros.

58

Démosle gracias, porque, si no fuera el Padre tan generoso y amable, no hubiese salvación posible. Por eso, más que cuestionar sus acciones, deberíamos humillarnos ante Él y alabarle noche y día".

Sin hacer más preguntas, el joven y yo partimos avergonzados y en silencio. Ese día comprendimos que el amor de Dios es tan poderoso que se abaja, se ofrece, se entrega… por mí, por ti, por todos.

Mal comprendido

Gran misión fue encomendada,
sin contar costo ni esfuerzo,
pues dando es que se recibe.
Hagan lo que aquí ven
a los tuyos les dijiste.

Es difícil comprender,
y hasta imposible creer,
que tal ofrenda rechace
otro ser, por no entender
que nada se exige en canje.

El regalo que he ofrendado
hoy ha sido rechazado.
Tal vez fue mal entendido.
Yo sigo amando, aunque duela,
a quien nunca ha comprendido.

Soy tus brazos, soy tu voz

Soy tus brazos, soy tu voz
que despierta a aquel dormido.
Soy tu fuerza, soy tus pies,
para emprender los caminos
en este mundo de mudos,
de ciegos y tantos olvidos.

Que nunca calle tu voz
que llega a mí en tu palabra.
Que nunca cese de andar
por caminos, aun a oscuras,
sabiendo que vas conmigo
y que tu luz es suficiente en las llanuras.

Sí, que ponga en obra tu voz.
Que grite a los cuatro vientos
que el amor es para todos y no se hace esperar,
sin excepción de colores, de razas o de apellidos,
pues alto ha sido el precio al que fuiste sometido.

Soy tus brazos, soy tu voz
y no me cansaré de andar, de gritar y despertar
a los ciegos, a los mudos y a todo aquel inconsciente,
para lograr, en tu nombre, una vida de hermandad
que me lleve hasta el final a conquistar la unidad.

Bendición a una mujer religiosa

A ti, mujer creada por el amor,
te bendigo, pidiendo al Dios de los cielos
que una su voz a mi voz.

Le pido al Padre te conceda
generosidad de alma,
tan grande como la de María.

Le pido al Hijo te envuelva en la ternura de su amor
para que puedas donarte como hija, madre y hermana
a los que recurren a ti, en busca de la Palabra.

Al Espíritu le pido te conceda su gran Luz,
para que puedas ser como Deborah,
madre de Israel, llena de sabiduría y decisión.
Le pido al Dios Trino su gracia,
para que dances como David y Miriam
y celebres las victorias que la vida te ha de dar
y las bendiciones que a tu alma llegarán.

Y que al final de tus días, como la anciana Ana,
puedas reconocer al Dios de Israel.
Al Dios a quien te has dedicado
y junto con sus ángeles le alabes por siempre.
Amén.

Solo el amor

Si el mundo injusto grita sin razón,
cuando el odio inunda el alma
y falta de amor ahoga el corazón,
solo Dios puede traer calma.

Cuando el perdón no es invocado
y una expresión de afecto nos cuesta,
por llevar la encarnación de ese pecado,
la reconciliación es lo que cuenta.

En los momentos de duda,
cuando tu fe está en cuestión
y todo al parecer se muda,
confía en la promesa del Señor.

Y cuando el frío mis huesos haya calado,
cuando te encuentre, al fin, ¡oh, mi buen Dios!,
conoceré tu rostro por ser tú quien me ofreció
tanto amor, ternura y compasión.

Be still

"Be still and know
that I am your God."
It is your beckoning,
and so, my call.

Be still, be at peace.
Trust and walk with me.
Trust that I'll be there,
no matter when, no matter where.

I am your God.
I am your savior.
Do you not know
I will not leave you alone?
Be still at night
in darkness and alone.
When the way seems lost,
my love will lead you on.

Be still during the day,
when the sun is up on high,
and joy and laughter brightly shine.
It is my love, it is my sign.

Be still when you're in doubt
and questioning around.
Be it true or false, right or wrong,
I'll guide you, just be strong.

My songs

I sing to the Lord a song of joy
like David did of old,
and dance in exultation,
for He is my greatest treasure.

I sing to the Lord the blues
as I deal with my pain,
like Jacob did after his fight
and laid pondering what to do.

I sing to the Lord an angry song
as I witness bigotry and rebuff,
and wonder what is really wrong
why people tend to others snub.

I sing to the Lord a rap of love
as I awake each morning and see the sun
because I have another day
to act, to sing, to dance, for my Lord.

Hoy, igual que ayer

Dos mil años después
de la venida de un Dios,
anunciando salvación
a grandes, sabios y humildes,
el ser humano en cuestión
opta por no convertirse.

Injusticia, corrupción y poderío
son los males que le afectan.
La obra del buen maestro
se pierde y no tiene adeptos,
porque en el mundo del rico,
se es grande, cuando se pisa al chico.

Es que la explotación humana
que reinaba aquellos días
también hoy yo la contemplo,
aunque le llamen "trata".
Se convierte en tierra baldía
cuando se viola este templo.

Tanto mujeres como niños
gritan y claman a Dios
para que les dé el valor
de vivir en armonía,
sin alguien que les abuse
o les quite su valía.

66

Nos toca hoy velar
por este mal que le asedia
a miles de marginados,
luchando con insistencia
con valor y honestidad,
liberando así a los condenados.

Quédate conmigo

Señor, estoy cansada. Cansada de cruzar las tes y puntear las íes, como si no hubiera otra cosa que hacer. Sí, hoy estoy cansada de cosas sin importancia. Cansada de todo lo que tiene poca mesura. Estoy cansada de que mi tiempo se limite a la importancia de llenar formularios, de hacer cuentas para que sobre, de preguntar quién compra qué y cuándo.

Perdóname, Señor, por mi falta de tolerancia. Perdóname por no tener la valentía necesaria para decirles a mis hermanos y hermanas que perdemos tiempo, que no queda mucho; que hay gran dolor e injusticias por atender, que tal vez puedan ser remediadas. Quiero recordarles que el tiempo es muy poco para llevar tu Palabra, que se nos hace tarde para vivir tu Evangelio y que la noche cae pronto y muchos no tienen ni un cartón donde acostarse.

Señor, sí, estoy cansada de vivir en la mediocridad, instalada. Cansada de los títulos y de todos los apodos que, como humanos, nos ponemos para subir nuestra valía y rebajar a los que no la tienen, por no tener oportunidades, como las que me fueron dadas.

Señor, quédate conmigo, alivia mi cansancio. Dame valentía para no callarme y para atreverme a alzar mi voz. Quédate conmigo, porque tengo miedo de perderte un día, entre tanto traste insignificante y sin importancia.

Si yo te perdiera, no quedaría nada, porque habría perdido ese gran tesoro que encontré una vez, pero que extravié por no alzar mi voz.

¡Quédate conmigo, y dame valor!

Recreas un nuevo ser

Tu amor, Señor, es insondable,
no lo puedo entender.
El sumo de la nobleza,
se fija en mi humilde llaneza.

Ante ti, Señor, en silencio.
Ante ti y de hinojos,
reconozco tu amor inmensurable
que arrasa mi frialdad culpable.

Penetra en lo profundo de mi alma,
impugna mi falta de entrega.
Delante de ti, aflora mi necesidad,
por ti, resurge, se reanima.

Eres fuerza ánimo de espíritu.
Eres comunión,
pues eres tres en uno
y todos, uno contigo.

Convierte este viejo espíritu,
transfigura este débil corazón,
para que pueda amarte,
y llegar con el Trino, a esa santa unión.

Tómame en tus manos,
como una vez lo hiciste.
Recrea de nuevo mi ser
para otra vez de amor arder.

Entrega total

Entrega total, vida y misterio,
llamado preferencial
a caminar las estradas
tocando los desvalidos,
los enfermos y dolidos.

Igual que lo hiciste ayer,
al caminar en tu pueblo,
llamando a todos al bien,
no importa cuál fuera su suelo.

También yo tengo que hacer
todo lo bueno que hiciste,
que con tu pesada cruz,
liberación ya nos diste.

Dame tu fuerza, Señor,
porque te quiero servir,
a pesar de que mi hermano
no me quiera recibir.

Estad quieta

Permanece quieta.
Reconoce que tu Dios yo soy.

Guarda silencio, mantente en paz.
Confía y camina conmigo.
Ten confianza, que estaré en tu andar,
no importa dónde, yo seré tu abrigo.

¡Yo soy tu Dios. Yo soy tu salvador!
¿Cuestionas mi amor de padre?
Como padre, yo seré tu protector.

Si en la oscuridad estás a solas
y el camino pareces perder,
guarda silencio en la noche,
mi mano te he de tender.

Permanece quieta durante el día.
Cuando fulgure el sol en las alturas,
trayendo risas, paz y alegría
sabrás que ofrendo amor a toda criatura.

Permanece quieta aun en el temor.
Cuando cuestiones todo alrededor
y estés llena de tristeza y de pavor
también allí escucharé tu clamor.
¡Yo soy tu Dios. Yo soy tu salvador!

(Este es su mensaje… Esta es mi llamada hoy).

Sin tu amor

Mi vida sin tu amor
sentido alguno no tiene.
Todo pierde su valor
si a mi alma tú no vienes.

La ausencia de tu calor
adormece en sí mi vida.
Es como mañana sin sol
o noche de luna escondida.

¿Cómo lograr retenerte,
cuando en soledad no apareces?
Te busco para no perderte,
y muy pronto desfalleces.

Es imposible existir,
si tu ser no me acompaña.
Déjame tu fuego sentir,
hasta quemar mis entrañas.

A white rose

There, in my garden,
a rose spoke to me
of beauty, simplicity and purity,
of meekness it did speak.
It revealed holiness and love,
fidelity, honor, and hope.
Perfection in the hands of God
just for all of us to behold.
It is my gift to you.

Contradicciones de humanos

Existen contradicciones de humanos
que de un Dios son la certeza.
Ese Dios se abaja ante su hermano
sacándole de su pobreza.

Dando me dicen que recibo
y perdonando me perdonan.
Que la carencia es la del rico
y es riqueza cuando todo donas.

Quién puede entender
tanta contrariedad existente.
Parece que hay que vencer
esta realidad que nos miente.

Solo un Dios puede conocer
contradicciones en mí.
Busco la paz sin comprender
que no existe sin la justicia intuir.

Es incertidumbre, también,
vislumbrar tu donación de amor,
al mismo que rechazó el Edén
y te trata con desamor.

Inconsciencia

Si mi gente entendiera
de los golpes que infiere
al hablar con aversión,
medir pudiera a cuántos hiere.

Tronchamos a quien nos ofende,
 y no importa ni un comino
si este va a vivir o muere,
después que yo siga camino.

Si cada quien advirtiera
darse la mano uno al otro,
de esa forma consiguiera
mirarse cada uno al rostro.

Así de su hermano sabría
el dolor que lleva dentro,
y con certeza podría
decirle "ahora sí te comprendo".

Pero en vez de entender
viramos la cara a un lado,
sin nuestra mano extender
y sin haberlo ponderado.

Señor, dame tú la confianza,
para encontrar yo la hora
de llevarle una esperanza
a aquel que sin paz mora.

Líbrame de este egoísmo
que me ensimisma y sofoca
quiero salir del cinismo
y el fariseísmo que ahoga.

La sexta llaga

Lleva mi crucificado
las llagas de su sufrimiento.
Cinco son por el pecado,
mas hay otra en su lamento.

Lleva Él en su corazón
la sexta y más dolorosa
nuestro rechazo sin razón
y nuestra crueldad penosa.

Solo por la verdad decir,
ya que a reyes y ricos delatas,
Judas traiciona al fingir,
vendiendo al Maestro por plata.

Pero también yo te vendí,
te vendí sin comisión,
cada vez que te mentí
y no cumplí mi misión.

También llevas tú las mías,
aunque no estaba presente.
Te sigo negando hoy día
lo mismo que aquella gente.

Sé que te causé dolor,
al ser tan inconsciente
con tu mensaje de amor,
porque no fui consecuente.

Cuánto quisiera apartar,
de tu corazón la dolencia
y borrar tu malestar,
pidiendo perdón e indulgencia.

En ocaso de mi viaje,
quisiera volver a elegir
solo escuchar tu mensaje
y tu evangelio vivir.

Teresa De Jesús

(Fundadora de las Hermanas de Notre Dame)

Pequeña y curiosa niña,
que al ser por Dios llamada,
quisiste trabajar en su viña,
sabiéndote por Él amada.

La educación escogiste,
para llevar su mensaje,
cumpliendo lo que prometiste,
con intrepidez y coraje.

La Congregación fue tu lucha.
respuesta a una necesidad.
En una Europa confusa,
optaste por la unidad.

Cuando la pobreza reclamó
tu fe poder quebrantar,
te afianzaste en quien te llamó,
no te dejaste tentar.

Hermanas, miles fueron
a más de treinta países.
La educación impartieron
sembraron fuertes raíces.

Conociendo, Madre, tus deseos,
en este ocaso de vida,
seguimos de María su consejo
haciendo lo que Él nos diga.

María Magdalena

María de Magdala, María de tantas andadas,
pasaste por la vida dejando varias historias.
Te reconoció Él, como mujer apasionada.
quedando así plasmada en nuestra insensata memoria.

Para tanta gente fuiste la más juzgada,
María la de la espera, María la del presente.
Para Él la de pasión, la eternamente amada.
María la que creyó, siempre erguida e insistente.

Tu amor con benevolencia nuestro Señor aceptó,
también te encomendó llevar mensaje y misión.
"Vete, diles quién soy", con gran certeza testó,
que vivieran el mensaje que también les confió.

Proclamaste la Buena Nueva de triunfante resurrección,
confesándoles a todos tu extraordinaria visión.
Si por breve momento hubo cierta desilusión,
encontraste la esperanza en inesperada aparición.

María de Magdala, María la de la audacia,
parecerme a ti quisiera en esta mi circunstancia,
sin importar ser juzgada al vivir con perspicacia,
si hallara yo a mi Cristo, todo tendría sería ganancia.

Conversión

Volver a Dios
de donde todos nacemos.
Tornar la cara al sol
aceptando lo que hacemos.

Formados de polvo,
creación en inocencia,
revertimos de la maldad,
renovamos nuestra esencia.

En conversión,
asperjados por su amor,
buscamos la existencia
que disipa todo temor.

Fe

Espero sin ver
la duda disolver.
Aun sin percibir
puedo creer.
Es fe en atardecer.

Fe no es creer lo que se ve
sino más bien entender
en lo profundo del alma
lo que la razón no ve
y poderlo comprender.

Ofrenda

Entregas tu vida,
donación, renuncia.
¿Temporera ofrenda
o tal vez huida?

En la cruz un Dios
por amor colgó
ejemplo de todos
fue lo que legó.

Repite la ofrenda
a diario en misión
hasta convertirla
en total sumisión.

Servir

Los primeros en mi agenda,
los que yo debo atender.
¿Serían los amigos de Él
o sería el de la hacienda?

Si me dieran a escoger,
en verdad no sé qué haría.
La necesidad de algunos
te puede hasta enloquecer.

Pero es aquel marginado
al que Él me pide tender
mi mano muy dadivosa,
aunque este esté perturbado.

Llegue en seda o desgarbado,
sin importar su atavío,
tengo que dispensarle ternura,
desgalichado o vestido.

Es mi hermano, grato o raro;
tiene alma, igual que yo,
o tal vez hasta mejor;
y tengo que darle amparo.

No es bondad, querido hermano,
la que a todos hoy nos toca.
Es mandato, es manifiesto,
es obligación humana.

Porque puede ser que un día,
sirviendo a aquel rechazado,
te encuentres que no era a él,
sino a Dios a quien servías.

Uno

Unido a ti
meta final del ser.
Búsqueda incansable
de todo viviente.
Sed infinita, insaciable
en este mundo.
Trozos de un Dios-Creador,
lucha por alcanzar
lo eterno, lo puro, el Uno.
Te abajas en sencillez,
y tocas a esta creatura.
Transformación.
Querer ser, porque se puede
alcanzar la gloria eterna.
Uno en ti, por siempre.

Entrega

Todo cuanto tengo te doy
a ti, mi creador, lo entrego.
Los regalos, los talentos,
los amores, lo más preciado,
los que hasta a mí han llegado,
como regalo de tus manos.
No son míos, Señor.
No son para poseerlos,
sino para compartirlos.
Cuanto más los ame
más te los entrego,
más grande mi amor,
porque son reflejo de lo que será…
la eternidad.

Tengo miedo

¿Cómo será eso?, pregunta María,
después de su incondicional sí.
¿Dónde, cuándo y por qué?,
pregunto yo, frente a ti,
pues tengo miedo.

Tengo miedo a no dar la medida,
miedo a caminar muy de prisa
y no ver a quien me necesita.
Miedo de mi propia impaciencia
y no poder detenerme a escuchar.

Tengo miedo, Señor,
a escoger el camino más largo
y no poder llegar.
Miedo a sentir cansancio
y encontrarme en oscuridad.

Miedo a que, por mirar atrás,
te pierda de vista
y no te pueda hallar.
Entonces sería en vano,
si yo estoy y tú no estás.

To my mother

For teaching me to give,
and how to accept all people,
no matter who they were.
For showing me how to forgive.
Thank you.

A teacher in generosity.
Forgiveness, always in her heart.
Acceptance, her way of life.
Giving, in every possible way.

No matter the distance.
No matter the pain.
Unceasing love given constantly.
To give was her gain.

No other mother would have
given as much as she did.
No doubt, God chose her for me.
Her prize is heaven indeed.

Sé mi amigo

Como Juan, quisiera que fueras mi amigo.
Poner mi cabeza en tu hombro, callada.
Contarte mis penas y hasta hablar contigo.
Decirte mil cosas, sentarme a tu lado.

Señor, desearía que así siempre fuera.
En cada momento, sentir tu presencia.
Caminar contigo valles y praderas,
llena de tu amor, sin sentir tu ausencia.

Serías suficiente en mi vida frágil,
que yo misma cuestiono a cada momento.
Esa es mi flaqueza, no se me hace fácil,
porque muchas veces el vacío enfrento.

Perdona mi duda, mi falta de fe.
Fue en el calvario que vida nos diste.
Lo entregaste todo por mi propio ser.
Humillado en cruz, la vida cediste.

La ola

Asciende la ola en su cresta
solo para acercarse a la arena
donde desvanece y se acuesta
muriendo en aburrida escena.

Nos pasa igual en la vida
al no trazarnos metas
porque al llegar la crecida
por obligación te aquieta.

Trae la muerte ese sentido
de que en ese último adiós
no llevas nada contigo
y te encuentras con tu Dios.

Él te enfrenta a ese final
y tú juzgas la vida plena
si tu clímax es celestial
o te quedas en la arena.

He pecado

Allí estaba, todo mojado,
empapado por la lluvia torrencial.
Lo vi, Señor, quería ayudarlo,
pero tenía que llegar a mi cita.
A la vuelta voy, me dije,
y seguí mi camino.
De regreso, mis ojos lo vieron,
encharcado aún, y hasta tiritaba.
Apenas se podía reconocer.
Su cabeza doblada entre sus rodillas.
Aquel frío insolente
le maltrataba, le hería.
Quería ir donde él estaba,
pero no quería molestar
a las que me acompañaban.
Más bien, no tuve el valor
de cumplir con mi deber.
Virar, recogerlo,
llevarlo a mi casa,
calentar su ropa y darle comida.
Continué mi rumbo, aunque
por dentro lloraba.
Lloraba por mí misma.
Lloraba por mi cobardía.
Era anciano, era pobre.
Tal vez eras Tú mismo,
haciéndome recordar
quién verdaderamente soy.

Perdóname, Señor, sé que he pecado,
por mi indiferencia,
por mi invalidez y orgullo
por evitar problemas.
Nadie más lo vio; mas, yo sí.
Sé que he pecado dejándolo allí.
Ni mis lágrimas ni mi culpa van a calentarlo.
Perdóname, Señor, pues he pecado.

A Sister Rosemarie González, SSND

La hermana del hogar

Te escogió Dios, es un hecho,
desde un eterno legado,
para abrigar a los sin techo
y abrazar los marginados.

Quieres brindarles esperanza,
a pesar de su condición,
y decirles que Él les ama,
no importa como estén hoy.

Que hay un futuro esperando,
si verdaderamente lo creen.
Que aunque el camino es pesado,
está allí, según lo deseen.

Estricta en su proceder,
porque les quiere enseñar
que, para llegar a vencer,
es mucho lo que hay que luchar.

Te has entregado a manos llenas…
No te cansas de dar,
porque llevas en tus venas
ese don que es AMAR.

Mi hermana por afiliación,
mas no por sangre de venas,
has sido una bendición,
en las malas y en las buenas.

Pido a Dios en mi oración,
en este sagrado día,
que te brinde santa unción
y sientas siempre su compañía.

To be

To be yourself
and no one else.
To be carefree
of other's judgements.
That is freedom.
That is living.
For only you
can live the truth.
Only you know
what lies inside of you.

¿Quién soy?

Yo me cuestiono…
Cuando pienso en quién soy,
¿por qué busco yo afuera
lo que adentro ya se dio?

¿Por qué si yo fui creada
por obra y gracia de Dios,
quiero separarme ahora
de lo que Él me regaló?

Yo llevo entre mis entrañas
la semilla del Creador.
Si solo buscara adentro,
encontraría a mi Señor.

Vería todas mis faltas
y lo que me impide encontrar,
a ese que yo necesito
y que tanto busco hoy.

Pero me enseñó el Gran Libro
que en la tormenta no es
ni en el trueno ni allá afuera,
solo lo encuentro en mi ser.

Praise god

One word,
the utterance of God,
and it was done.
—Creation—
    Each living thing
    a sentence of life.
The interaction
Of the blowing wind
with every existing tree.
The water as it flows
and washes every stone,
as if to bind them together
with its energetic force.
    All they seem to say is
    "Praise God! Praise God!"

Estás ahí

Un cielo gris
sin nubes hasta el horizonte.
Todo es incertidumbre.
¿Estarás ahí?

No hay luz ni sol
solo las sombras.
A pesar de mi duda,
sé que estás ahí.

Si te ansío así,
que me haces buscarte
y mi corazón sentirte
es porque estás ahí.

Perdona mi vacilación
pues quiero creer.
Quiero a ti encontrarte…
Contigo a solas.

Alabanza

Hoy no quiero limitarme
a observar tu creación
solo desde de mi mirada.
Quiero alejarme del yo,
que juzga y también impone,
cuanto desea o bien dispone.

Quiero vestirme de luz
y ver a través de ti,
para entender qué pretendías
cuando, al dar origen al mundo,
otorgaste a tu mayor creatura
albedrío y sabiduría.

Al contemplar tu obra,
admiro que es toda bella,
gloria te doy, por ser
y te reconozco en ella.

Alaba el pájaro que canta,
entona el viento su melodía,
mientras las olas ondean
y libremente salpican.

Cuánto deseo yo ser
pájaro, ola o viento,
para rendirme a tus pies
y alabarte junto a ellos.

Darte gracias por mi vida
y por cada ser que has enviado,
a ayudarme en mis caídas
y a acercarme a lo Sagrado.

Life is beautiful

Life is beautiful.
It is worth living.

When you see the flower bloom,
and the sparrow sings its tunes,
and love brings life to your being
and night seems brighter with its moon.

But what to say
when the rose petals fall
and the fog covers the sun.
When music and its rhythm stops
and so far reaching is love.

Still I say, life is beautiful
and it's worth living.

For the rose will bloom tomorrow,
the clouds will disappear
and tomorrow you'll hear the sparrow
know true love is always near.

Humility

Be not the first,
but always be present.
Walk along the path of truth.
Flee from pride and recognition,
for they are but illusions.
Know who you really are,
and the purpose of your life.
Serve as if it is your duty,
and when the day is done,
consider yourself humble.

Doña Tana

Aquella pobre anciana,
en su casucha tan vieja,
caminaba lado a lado,
pensando que así viajaba.

Su andar era lento,
y casi sin sostenerse,
nos murmuraba palabras,
que poco podían entenderse.

Estaba sola y turbada,
ya su memoria se había ido,
a su pasado tranquilo
de seguridad y alivio.

Al parecer su mente
le dijo que éramos buenas,
y nos sonrió dulcemente,
mostrando su linda mella.

Lleven bananas, indicó.
Y agachándose tomó
media docena de ellas,
que en mis manos colocó.

Es que el pobre da con ganas,
todo lo más que puede,
no calcula si le sobra,
sino que da lo que tiene.

Gracias, Tana de mi alma,
por dejarme esa remembranza,
para yo hacer lo mismo,
pues grande fue tu enseñanza.

Humildad

No seas el primero,
pero mantente siempre presente.
Camina por el camino de la verdad.
Huye del orgullo y el reconocimiento,
porque son solo quimeras.
Conoce quién verdaderamente eres
y el propósito de tu vida.
Sirve como si fuera tu deber.
Y, al final del día,
considérate humilde.

Absolution

Stillness.
Oneness.
Silence.
Out of that silence
chaos.
From the oneness,
another self is created,
to relate, to love.
Instead, it rebels, rejects.
Oneness forgives, loves.
      Absolution.

Derrama tu amor

Qué grandioso es tu amor,
tan poderoso que no puede ser contenido.
Si lo guardara para mí, sería inconcebible.

No compartir tu amor
destrozaría mi alma
convirtiéndome en esa primera mujer,
que lo revirtió hacia ella y sus deseos.

Así que vierte tu amor,
a medida que lo entrego,
en las mil oportunidades
que se presentan hoy.

Cuando saludo al que pasa,
cuando una palabra amable
de mi mente se escapa
para aquellos que son ignorados.
Cuando comparto pan
con los solitarios y deprimidos.
Cuando perdono a quien me hace mal
y estoy dispuesta a abrazarlo con amor.

Así que vierte tu amor
y limpia de mi alma
cualquier deseo de mantenerlo para mí.

Sumisión

Al igual que María, cada uno es llamado por la vida, por un Dios. La respuesta solo tú la puedes dar. La honestidad contigo mismo es fundamental. No vayas a responder por simple capricho. Ante todo, has de saber que el "sí" trae dolor. El "sí" es rendirse, es violencia hacia uno mismo. El "sí" significa "aquí estoy", incluso cuando no se quiera estar. Es estar presente en absoluto, siempre. El "sí" significa un "no" a tu voluntad y "sí" a las necesidades de otros. El "sí" perturba tu comodidad. Muchas veces, trae gran confusión, frustración e ira. Dar el "sí" te lleva por la vida y te confronta con aquello que nunca habías pensado.

Te preguntarás a veces si no es más fácil dar un "no" y pasar de largo por la vida. Así no te incomodas ni sufres la amarguras de los otros. Solo tú, en un vacío lleno de egoísmo y falsedad.

Mas, si vas a dar tu "sí", sabrás que este adquirirá sentido solamente si se une al "SÍ" de su Hijo. Entonces, dolor y lágrimas, vertidos en la copa de la bendición, en ofrenda eucarística con su eterno "SÍ", serán transformados en sumisión infinita, trayendo sanación y paz. Es en esta oblación divina que el Padre hará de todos uno... como es su voluntad.

The Jesus that I confess

I don't believe in a Jesus
moored to a church,
waiting for all who pray
to come and ask for his mercy.

No, I don't believe in a Jesus
that forgets about his people
and tends to look askance
the poor or the destitute.

The Jesus that I confess
walks among his own people.
He comforts them in their sorrows,
shares with all those in need.

Yes, I believe in Jesus the friend,
who sits along with pagans,
ask Samaritans for water
and goes to publicans' houses.

That Jesus, the good brother,
He heals me, loves me, and forgives.
Just as He did with all the sick
and the sinful woman back then.

In that Jesus I believe,
for He disturbs and admonishes
to leave your comfort today
taking your cross on the way.

Night of forgiveness

Last night I slept by the sea,
lulled by the songs of stars.
Numbed by the moon
and enchanted by the sand.

They sang love songs,
of forgiveness and praise.
Remembering the past
pains, joys and adventures.

They told me it was time
to leave the bitterness aside.
Restart the present
and release the ties.

Then they told me about love,
of forgiveness and tenderness,
to heal old open wounds,
and that forgiveness was the cure.

The waves washed my wounds,
and I was soothed by the breeze.
And in the night, God smiled at me,
and I understood his smile.

El amor no espera

(Diálogo imaginario con Teresa Gerhardinger)

En un silencio imponente que clama
por justicia, por verdad y calma.
Auscultando tu palabra santa
oigo tu voz, clara y fuerte,
que inquieta y por adentro arrasa,
llamando para hacerle frente.

Respondo a ese mundo roto.
"Es mandato que me has dado
que clame en alto y sea profeta
donde la unidad se ha quebrado
porque el amor ya no espera".

No, ya no se puede esperar,
porque hay hambre de verdad,
sed de justicia y de paz.
Hay guerra y oscuridad.
Solo el amor se desea.

"Con alegría y muy poco,
a un mundo tronchado iré.
Con audacia y esperanza
la misión yo sostendré
tu palabra, la respuesta que daré".

El perdón, la conversión
con sencillez y humildad
en diálogo se abrazará
y, por medio del Dios Trino,
lo humano a lo Divino se unirá.

Si al compartir yo con otros
lo que tengo y lo que soy
practico amor y largueza,
valdría la pena vivir,
porque el amor ya no espera.

Sí, se tiene que en bien donar,
son muchos los olvidados,
son grandes las injusticias.
Desde hoy hay que comenzar,
ya que el amor no espera.

Este libro se terminó de imprimir en
septiembre de 2019

Editorial Zayas

el mundo espera, publícalo

editorialzayas@gmail.com
787-263-5223

Made in the USA
Middletown, DE
02 September 2019